HISTOIRE & ACTUALITÉ

LA PREMIÈRE GUERRE MONDIALE
TOME 1

1914, l'embrasement

Par Benjamin Janssens de Bisthoven

50MINUTES.fr

50MINUTES.fr

DEVENEZ INCOLLABLE
EN HISTOIRE !

Neil **Armstrong**

Le Titanic

George **Washington**

Christophe **Colomb**

Jacques **Cartier**

LA PREMIÈRE GUERRE MONDIALE – 1914, L'EMBRASEMENT 9

Introduction
Données clés

LES ORIGINES DU CONFLIT 13

Le continent de la peur
Face-à-face balkanique
L'attentat de Sarajevo et la marche à la guerre

LES PREMIERS COMBATS 31

Les plans de guerre des Puissances centrales
Les plans de guerre de l'Entente
Furor Teutonicus : quand l'Allemagne s'aliène le monde
Évolution du front occidental jusqu'à la bataille de la Marne
Jeu de bascule en Orient

L'ENLISEMENT 57

EN RÉSUMÉ 63

POUR ALLER PLUS LOIN 69

LA PREMIÈRE GUERRE MONDIALE – 1914, L'EMBRASEMENT

INTRODUCTION

28 juin 1914. Le prince héritier de l'Empire austro-hongrois, l'archiduc François-Ferdinand (1863-1914) est en visite officielle à Sarajevo. Pour l'occasion, la ville est pavoisée aux couleurs autrichiennes, et les rues dans lesquelles doit passer le cortège impérial sont remplies par la foule. Parmi elle, sept assassins attendent l'archiduc à différents points de son parcours. Les mesures de sécurité sont insuffisantes, les gardes trop peu nombreux. Dans la matinée, François-Ferdinand s'effondre sous les balles tirées par l'un des conjurés, Gavrilo Princip (1894-1918), un jeune étudiant bosnien militant de la Main noire, une organisation nationaliste serbe secrète et terroriste. L'événement, tragique et gravissime, plonge l'Europe dans une crise dont elle ne se remettra pas : un mois plus tard, la majeure par-

tie du continent est en guerre. Elle durera quatre ans. Quatre interminables années d'une lutte abominable qui changeront à jamais la face du monde et modèleront tout le XXe siècle.

DONNÉES CLÉS

- **Quand ?** Du 28 juillet 1914 au 11 novembre 1918.
- **Où ?** En Europe, Asie, Afrique et en Océanie.
- **Belligérants ?**
  - Les Puissances centrales : l'Empire allemand, l'Autriche-Hongrie, la Bulgarie, l'Empire ottoman.
  - Les Alliés et les pays associés : la France, l'Empire britannique, la Russie tsariste, l'Italie, la Serbie, les États-Unis, le Japon, la Chine, la Belgique, la Roumanie, le Portugal, le Luxembourg, la Grèce, l'Albanie, le Monténégro et la majeure partie des États sud-américains.
- **Issue ?** Victoire des Alliés. Effondrement des empires allemand, austro-hongrois, ottoman et russe. Apparition de nouveaux États.
- **Victimes ?** Plus de neuf millions de morts.

LES ORIGINES DU CONFLIT

Comment la Première Guerre mondiale a-t-elle pu se produire ? Depuis la fin de la guerre en 1918, cette question, lancinante, n'a cessé de tourmenter les historiens, au point qu'on ne compte plus aujourd'hui les ouvrages qui ont tenté d'y apporter une réponse. Au gré des courants et des écoles, ou tout simplement des besoins, se sont succédées des dizaines d'interprétations, privilégiant tour à tour la responsabilité de l'une ou de l'autre puissance, l'impérialisme économique, le fatal engrenage des alliances, ou encore le rôle des stratégies militaires dans le déclenchement des hostilités. Toutes font fi d'une réalité simple, mais essentielle : la guerre éclate, nous rappellent les historiens Robin Prior et Trevor Wilson, car les hommes estiment que le recours aux armes est une démarche devenue légitime. C'est donc avant tout parce qu'elle apparaît nécessaire, voire juste, que la guerre s'impose aux esprits en juillet 1914. Il convient dès lors d'en comprendre la raison.

LE CONTINENT DE LA PEUR

Au début de l'année 1914, le macrocosme européen est un monde sous pression, une véritable cocotte-minute prête à exploser. Deux camps antagonistes, regroupant les pays les plus puissants du continent, se sont formés. À l'alliance entre l'Allemagne et l'Autriche-Hongrie, répond la Triple-Entente, rassemblant le Royaume-Uni, la France et la Russie. Tous sont prêts à la guerre ; certains la considèrent même comme souhaitable. En une décennie, les différends politiques entre ces deux blocs se sont mués en crises de plus en plus graves, et les budgets militaires ont grimpé en flèche. C'est que la peur est mauvaise conseillère, et l'Europe entière est effrayée.

À l'origine du phénomène, si l'on suit l'historien français Jean-Yves Le Naour, se trouve l'Allemagne. Unifiée et érigée en empire le IIe Reich – par la Prusse après sa victoire contre la France en 1870-1871, cette nouvelle venue dans le concert des nations se trouve, en 1914, au faîte du pouvoir mondial. Elle est la deuxième puissance industrielle du globe, juste derrière les États-Unis ; elle possède une force militaire sans équivalent et exerce une quasi-hégémonie politique sur le Vieux Continent. Mais cette Allemagne triomphante a du mal à vivre son leadership. Elle se pense paradoxalement vulnérable et menacée. Avec la formation de l'alliance franco-russe en 1892, se répand dans le Reich le sentiment d'être pris en étau entre deux pays hostiles. La France ne rêve-t-elle pas de récupérer l'Alsace et la moitié de Lorraine, annexées par l'Allemagne en 1871 ? Quant à la Russie, elle inquiète elle aussi terriblement. C'est que l'empire des tsars connaît, dès le début du siècle, un décollage économique sans précédent. Ses industries se développent à un rythme soutenu, de même que ses lignes de chemin de fer en partie financées par des capitaux français, ce qui ne fait qu'accentuer l'impression d'encerclement. Elle semble être en mesure de rattraper l'Allemagne. Encore que cette source d'angoisse s'en double d'une autre, d'ordre démographique. Avec une croissance annuelle de trois millions d'habitants et une population totale de 170 millions en 1914, contre respectivement 750 000 et 65 millions d'habitants du côté allemand, la Russie ressemble à une immense marée humaine en passe d'engloutir un Reich de plus en plus pétri par les idées pangermanistes de lutte raciale pour l'existence.

Le rapprochement du Royaume-Uni avec la France puis la Russie achève de transformer les craintes allemandes en cauchemar. En 1904, en effet, Londres et Paris concluent une Entente cordiale qui vient régler tous leurs différends coloniaux. Trois ans plus tard, un accord semblable est signé avec les Russes. La politique londonienne réalise là un revirement spectaculaire à l'égard de deux puissances dont elle s'attachait auparavant à contrer les visées expansionnistes. Il a longtemps été dit que cet accord trouvait son origine dans la décision du Kaiser Guillaume II (1859-1941) de lancer l'Allemagne dans la construction d'une puissante flotte de guerre capable de rivaliser avec la *Royal Navy*. En réalité, comme le souligne l'historien Christopher Clark, les Britanniques sont surtout soucieux d'aplanir les tensions aux frontières de leur immense empire, où les heurts avec Français et Russes ne manquent pas. Quoi qu'il en soit, l'Allemagne est désormais plus encerclée que jamais. À Berlin, il devient impératif de sortir du carcan. Un événement d'une ampleur considérable lui en donnera la possibilité.

En 1904-1905, à la stupéfaction générale, la Russie est complètement laminée par le Japon dans une guerre pour le contrôle de la Mandchourie. Le régime tsariste semble vaciller sous la révolution et les désordres intérieurs ; l'armée et la marine russes sont durement affaiblies. Le pays ne pourra pas soutenir la France en cas de problème. C'est l'occasion rêvée pour l'Allemagne d'attiser les divisions dans l'Entente cordiale et pour la faire éclater. En 1905 et 1911, le Reich provoque deux crises internationales majeures au Maroc – que la France a commencé à coloniser – dans l'espoir de désolidariser Londres et Paris. Rien n'y fait. Pire encore, face aux défis posés par l'Allemagne, la collaboration politique entre les deux pays se renforce. En France comme au Royaume-Uni, on s'effraie des initiatives berlinoises. D'autant plus que, tout à ses craintes existentielles, le Reich a renforcé ses capacités militaires. Aussi a-t-on fait de même dans les rangs de l'Entente, suscitant de nouvelles angoisses en Allemagne. Le spectre de la guerre commence à planer sur l'Europe.

La tension monte encore d'un cran à Berlin suite au rétablissement spectaculaire de la Russie au début des années dix. La recherche d'une solution rapide à l'encerclement s'impose dès lors aux responsables politiques et militaires allemands. L'idée d'une guerre préventive, avant que la Russie ne soit devenue trop puissante, fait son chemin. Mais peut-être est-il encore possible de dissocier la Triple-Entente en provoquant une nouvelle crise internationale dans un secteur où le Royaume-Uni n'a pas d'intérêt direct à intervenir, comme dans les Balkans ?

FACE-À-FACE BALKANIQUE

Les esprits ne sont pas plus apaisés dans la péninsule balkanique à la veille de la guerre. Trois puissances s'y trouvent à couteaux tirés : l'Autriche-Hongrie, la Russie et la Serbie. Tout commence en 1903 par un coup d'État en Serbie. Cette année-là, la dynastie royale des Obrenović est évincée par celle des Karadjordjević. Pour l'Empire austro-hongrois, l'événement prend vite des atours de catastrophe. Alors que les Obrenović s'étaient toujours montrés fidèles à la Double Monarchie, y arrimant solidement le Royaume serbe, les nouveaux maîtres de Belgrade lui sont beaucoup moins disposés. Non seulement ils ont lancé leur pays dans une politique d'indépendance nationale dirigée contre l'Autriche-Hongrie, signant à tour de bras d'importants contrats d'armement et financiers avec la rivale française, mais ils ne font pas mystère de leur ambition de réunir tous les Slaves du sud au sein d'un même État : la Yougoslavie. Il s'agit là d'un sombre programme qui ne peut passer que par le démembrement de l'Empire austro-hongrois. Enfin, pour ne pas arranger les choses, la Serbie n'hésite pas à encourager les tendances séparatistes proserbes dans les pays voisins, en y envoyant des armes et en y créant, au besoin, des réseaux clandestins ou des groupes de partisans.

À Vienne, la menace est prise d'autant plus au sérieux qu'elle relève de la survie de l'empire. Réunissant douze groupes nationaux différents (avec autant de langues) et trois religions, l'ensemble habsbourgeois est une macédoine de peuples vivant dans un fragile équilibre. Depuis 1867, l'édifice est stable grâce à un compromis instaurant une dualité des pouvoirs entre Hongrois et Allemands, les deux ethnies dominantes. Mais, avec des minorités en lutte pour la reconnaissance de leurs droits ethniques dans l'empire, qui sait ce que peut produire le petit jeu nationaliste de la Serbie ? Pour conjurer le péril et ramener Belgrade à la raison, les dirigeants austro-hongrois ne lésineront pas sur les moyens. À partir de 1906, les exportations de viande de porc serbe sont interdites vers la Double Monarchie, donnant naissance à un conflit commercial qui durera trois ans et qui sera appelé la « guerre du cochon ». En 1908, profitant de l'affaiblissement de la Russie à la suite de sa défaite contre le Japon, l'Autriche-Hongrie annexe la Bosnie-Herzégovine, qu'elle administrait déjà depuis 1878. En s'accaparant définitivement ce petit territoire à moitié composé de Serbes, l'objectif de Vienne est simple et ambitieux à la fois : ruiner les projets yougoslaves de la Serbie par la création d'une entité politique en Autriche-Hongrie rassemblant la majorité des Slaves du sud.

Illustration issue du *Petit Journal* daté du 18 octobre 1908. On y voit la Bulgarie déclarer son indépendance, l'Autriche-Hongrie annexer la Bosnie-Herzégovine, et le sultan ottoman Abdülhamid II (1842-1918) regarder son empire d'un air quelque peu désespéré.

Hélas pour les Habsbourg, c'est un très mauvais calcul. Outre que le projet n'aboutit à rien – les Austro-Hongrois se méfiant trop des Slaves –, l'annexion provoque une crise internationale majeure, qui voit la Serbie s'aligner davantage sur la France et la Russie, et radicalise les militants nationalistes serbes. À partir de 1909, ces derniers se regroupent en associations de plus en plus violentes, valorisant le terrorisme et l'action armée, telles que la *Srpska Narodna Odbrana* (Défense de la Nation serbe) ou la Main noire dont l'influence imprègne fortement la société et la diaspora serbes. Mais la crise suscite surtout la colère de la Russie avec laquelle l'Autriche-Hongrie entretenait jusqu'alors une bonne entente dans les Balkans. Dorénavant, il ne faudra plus compter sur le régime tsariste pour calmer les tensions dans la péninsule. C'est même le contraire qui se produit. En mars 1912, une alliance entre la Serbie et la Bulgarie, dirigée contre l'Autriche-Hongrie et l'Empire ottoman, est signée avec la bénédiction de Saint-Pétersbourg ; un traité rapidement rejoint par la Grèce et le Monténégro. Un an plus tard, les Ottomans, écrasés militairement, perdent leurs dernières possessions balkaniques au profit des quatre États coalisés. Un dénouement de sombre augure pour les dirigeants austro-hongrois. Le pire, pourtant, est encore à venir. À la fin du mois de juin 1913, la Bulgarie, convaincue de sa supériorité militaire et insatisfaite de ses conquêtes ottomanes, se retourne contre ses anciens alliés. En trois semaines, elle est complètement laminée par une vaste coalition antibulgare. Et la Serbie est encore dans le camp des vainqueurs. Depuis 1912, grâce à ses victoires, son territoire s'est agrandi de 80 %, sa population a augmenté de 1,6 million d'habitants, et son armée s'est sensiblement aguerrie. L'influence de Belgrade rayonne plus que jamais, au grand dam de l'Autriche-Hongrie.

L'été 1914 voit les dirigeants de la Double Monarchie à court de solutions politiques face au défi serbe. Une dernière tentative d'organiser une ligue balkanique pour neutraliser la Serbie avec la Bulgarie, la Roumanie et l'Empire ottoman a achoppé. Par conséquent, l'option militaire a plus que jamais les faveurs. Au mois de mai, même le vieil empereur autrichien François-Joseph (1830-1916), jusque-là farouche partisan de la ligne douce, s'y est rallié. Seul le glaive, pense-t-on maintenant à Vienne, permettra de sauver la Double Monarchie. Il ne manque plus qu'une occasion favorable pour le tirer.

L'ATTENTAT DE SARAJEVO ET LA MARCHE À LA GUERRE

C'est dans ce climat belliqueux qu'intervient l'assassinat de François-Ferdinand à Sarajevo, le 28 juin 1914. En moins de 24 heures, la nouvelle se répand dans toute l'Autriche-Hongrie, y provoquant une réaction épidermique. Les rues et les bâtiments se couvrent de drapeaux noirs, même les tramways portent la couleur du deuil. Un peu partout à Vienne, des attroupements de badauds se forment pour commenter l'attentat. On ne pleure certes pas l'héritier à la Couronne, qui était très impopulaire, mais nul ne doute que sa mort est d'une portée politique considérable. L'homme était bien connu pour sa volonté de réformer profondément l'empire, seule mesure susceptible à ses yeux de le sauver. Comme le souligne Christopher Clark, sa mort est venue mettre un terme à tout ce qu'il incarnait, « le futur de la dynastie, de l'empire et de l'idée habsbourgeoise qui l'unifiait » (CLARK (Christopher), *The Sleepwalkers: How Europe Went to War in 1914*, London, Penguin Books, 2013, p. 380).

Illustration représentant l'assassinat de François-Ferdinand issue du *Petit Journal* daté du 12 juillet 1914.

L'enquête austro-hongroise remonte vite jusqu'en Serbie. Les assassins ont pu, semble-t-il, être télécommandés et armés par certains hauts responsables de l'armée serbe affiliés à la Main noire. Ces résultats suffisent à faire planer le doute sur une possible complicité de Belgrade. Le prétexte est tout trouvé à Vienne pour initier une guerre. Pas question, cependant, de foncer tête baissée en Serbie. L'Autriche-Hongrie doit d'abord assurer ses arrières. Les 5 et 6 juillet, elle obtient le soutien sans réserve du Gouvernement allemand, qui l'encourage même à agir sans tarder. Pour Berlin, il ne saurait en être autrement. La Double Monarchie étant l'alliée le plus fiable du Reich sur le continent, il est crucial de ne pas se l'aliéner. L'occasion est trop bonne pour ne pas tenter d'affaiblir la Triple-Entente. Les Russes, estime-t-on dans les milieux dirigeants allemands, ne se sont pas encore suffisamment remis de leur désastre japonais que pour tenter de sauver la Serbie. Et, quand bien même, ils seront arrêtés par Londres et Paris qui n'ont aucun intérêt à entrer en guerre pour les Balkans. Enfin, le rapport de force militaire est encore en faveur de l'Allemagne, qui n'a pas à craindre une guerre continentale.

Fort de l'appui du Reich, les Austro-Hongrois se sont mis d'accord pour envoyer un ultimatum à Belgrade, exigeant toute une série de mesures visant à garantir la sécurité de l'empire : notamment la purge dans l'administration et dans l'armée serbes des éléments compromis dans des activités antiautrichiennes, et la réalisation d'une enquête sous supervision austro-hongroise destinée à châtier les coupables de l'attentat. Dans les faits, une acceptation par la Serbie des clauses contenues dans l'ultimatum reviendrait à la transformer en État satellite de l'Autriche-Hongrie, tandis qu'un refus la conduirait inévitablement à la guerre.

Vienne ayant attendu la fin des moissons pour faciliter la mobilisation de ses soldats, l'ultimatum n'est transmis à Belgrade que le 23 juillet. Deux jours plus tard, il est officiellement rejeté par le Gouvernement serbe. Le 28, l'Autriche-Hongrie déclare la guerre à la Serbie. Entre-temps, la Russie a commencé à s'agiter. Après ses déboires asiatiques et l'accord conclu en 1907 avec le Royaume-Uni, les Balkans constituent sa dernière sphère d'influence. Ne rien faire reviendrait donc à l'abandonner. Stratégiquement, la perte de la Serbie serait désastreuse : elle enlèverait à la rivale austro-hongroise une menace sur son front sud et compromettrait l'équilibre balkanique. Enfin, le tsar lui-même est poussé à la guerre par le peuple russe, ulcéré par la nouvelle de l'ultimatum. Après la révolution de 1905, qui a failli lui coûter son trône, il lui serait politiquement dangereux d'aller à l'encontre de l'opinion publique. En conséquence, le 26 juillet, la Russie entre en phase préparatoire à la guerre, sorte de prémobilisation militaire. La mesure est jugée menaçante à Berlin, qui, le 29, somme la Russie de s'arrêter sur-le-champ, sous peine d'une réponse militaire. Mais les généraux russes ne peuvent pas annuler le processus. Estimant dès lors le conflit inévitable, le tsar annonce le 30 juillet la mobilisation générale à laquelle répond, le 1er août, une déclaration de guerre de l'Allemagne. La France, qui a refusé de rester neutre, comme le lui avait demandé Berlin, est également menacée le 3 août.

Depuis son balcon, le Kaiser allemand annonce à la foule l'entrée en guerre du pays contre la Russie.

Dans les deux camps, la guerre est accueillie par la population avec enthousiasme. D'immenses manifestations patriotiques ont lieu dans les capitales et les grandes villes. Les ressortissants ennemis sont souvent pris à parti et leurs biens saccagés. Dans les campagnes, l'ambiance est plus morose ; la guerre enlèvera des bras pour les récoltes. Ni l'Italie ni le Royaume-Uni ne se sont encore prononcés. La Première Guerre mondiale vient de commencer.

LES PREMIERS COMBATS

Lorsque s'ouvrent les hostilités, chaque camp se croit en mesure d'obtenir une victoire rapide. À la base de cet optimisme se trouvent les plans militaires échafaudés par les états-majors ainsi que le sentiment de disposer d'atouts ou de ressources supérieurs à ceux de l'adversaire. Il faudra moins de deux mois de combats pour que ces certitudes volent en éclats. À la mi-septembre, les habiles stratégies se sont effondrées et les pertes sont lourdes, tandis qu'aucun résultat décisif n'a été obtenu. Pour les armées, tout est à refaire. Lentement, l'Europe s'enfonce dans l'impasse qui, jusqu'en 1918, la figera dans le conflit le plus meurtrier qu'elle ait connu.

LES PLANS DE GUERRE DES PUISSANCES CENTRALES

Malgré de nombreuses concertations dans les années d'avant-guerre, l'Allemagne et l'Autriche-Hongrie ne possèdent pas de plans communs en août 1914. En l'absence de logique d'ensemble, toutes deux agissent de leur côté, presque sans tenir compte l'une de l'autre.

Chez les Allemands, la stratégie choisie suit le plan Schlieffen, élaboré de 1892 à 1909 par Alfred von Schlieffen (1833-1913), alors chef d'état-major de l'armée impériale, puis modifié par son successeur Helmuth von Moltke (1848-1916). Il répond au double dilemme stratégique de l'Allemagne : sa situation d'encerclement par la France et la Russie qui lui impose une guerre sur deux fronts, et ses ressources trop limitées pour engager simultanément les deux adversaires avec succès. La solution retenue consiste, pour l'Allemagne, à rechercher l'écrasement rapide de l'une des deux puissances adverses, par la concentration massive de ses forces, avant de se retourner contre l'autre. La priorité est donnée à la défaite de la France. En effet, ses infrastructures routières et ferroviaires développées laissent craindre une mobilisation plus rapide de ses troupes. De plus, la taille moindre de son territoire permet d'atteindre plus vite des résultats décisifs. Il est pourtant impossible à l'armée impériale d'attaquer directement le territoire national français, sa frontière avec l'Allemagne étant trop fortifiée et trop étroite pour permettre le déploiement de toutes les troupes allemandes. Schlieffen échafaude donc un vaste mouvement enveloppant à travers la Belgique, destiné à rabattre puis à encercler les armées françaises dans les Vosges. L'ensemble de la manœuvre doit assurer une victoire totale à l'ouest en six semaines. Entre-temps, les quelques troupes restées à l'est seront placées en état de défense et chargées de contenir les Russes, dont l'état-major allemand croit – à tort – qu'ils mettront longtemps à mobiliser et à attaquer.

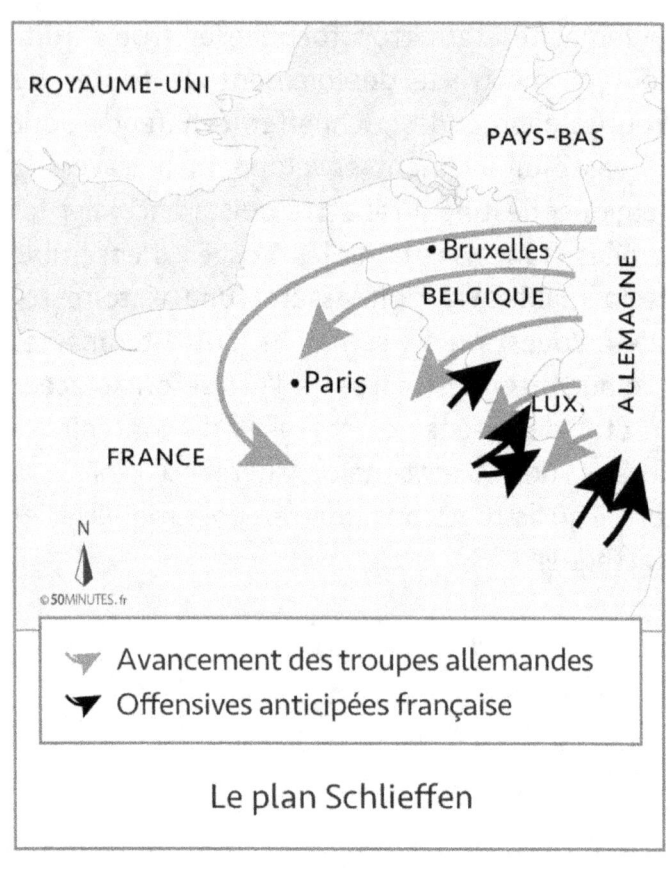

Le plan Schlieffen

Côté austro-hongrois, la stratégie est dominée par la personnalité belliqueuse du chef d'état-major de l'armée, Franz von Hötzendorf (1852-1925). Depuis 1907, il ne cesse de multiplier les plans d'opérations contre tous les voisins de la Double Monarchie, alliés compris. Pour répondre à toutes les éventualités, Hötzendorf a divisé l'armée impériale et royale (l'armée k.u.k : *kaiserlich und königlich*) en trois groupes :

- le *A-Staffel* (« escadron-A »), le plus puissant, déployé en Galicie face aux Russes ;
- le *Minimal Gruppe Balkan*, assez faible, placé aux frontières de la Serbie ;
- enfin, le *B-Staffel* (« escadron-B ») supposé renforcer le A-Staffel, le Gruppe Balkan ou d'autres secteurs en fonction des circonstances.

En août 1914, guerre punitive contre la Serbie oblige, le B-Staffel y est envoyé pour passer à l'offensive ; le A-Staffel étant placé sur la défensive. Le plan est cohérent du point de vue austro-hongrois, mais, analysé dans son ensemble, il est calamiteux. L'Allemagne attaquant avec le gros de ses forces à l'ouest, et l'Autriche-Hongrie au sud, les deux alliés négligent complètement la Russie qui, de ce fait, jouit d'une supériorité confortable à l'est, dont elle saura profiter.

LES PLANS DE GUERRE DE L'ENTENTE

Dans le camp de l'Entente, les stratégies sont mieux coordonnées. Elles présentent également l'avantage d'anticiper partiellement le plan Schlieffen, le Royaume-Uni, la France et la Russie percevant très clairement que l'attaque allemande commencera à l'ouest, sans toutefois savoir avec exactitude si elle passera ou non par la Belgique.

Dès le début, l'armée française sait donc qu'elle devra supporter le premier choc. Mais l'état-major français, dirigé par le général Joseph Joffre (1852-1931), se trompe sur les intentions allemandes. Si Joffre pense probable, comme la plupart des généraux français, un débordement allemand en Belgique, il estime que la manœuvre sera limitée, se cantonnant à la rive droite de la Meuse, avec pour objectif de percer aux environs de la ville de Sedan. En réalité, le généralissime est convaincu que le gros des troupes ennemies est concentré sur la frontière, en Lorraine, et que le coup principal partira de là. Son plan et son dispositif militaire sont donc conçus pour répondre à cette menace. Alors que la 5ᵉ armée française est placée sur la Meuse, dans l'axe de progression supposé des Allemands en Belgique, la majeure partie des forces françaises est massée face au Reich, entre Longwy et Épinal. Ces dernières ont pour mission d'attaquer le plus rapidement possible en direction de Sarrebruck. L'idée étant, dans la culture de guerre française rigoureusement offensive de l'époque, d'acculer dès le départ l'Allemagne à la défensive par une frappe brusque et musclée, prélude à de nouvelles attaques. Il s'agit, en somme, de prendre sur elle l'initiative pour lui imposer sa volonté. Encore faut-il, pour réussir, que l'entreprise de Joffre parvienne à menacer suffisamment l'armée allemande, non seulement plus forte, mais dont il ignore les intentions réelles.

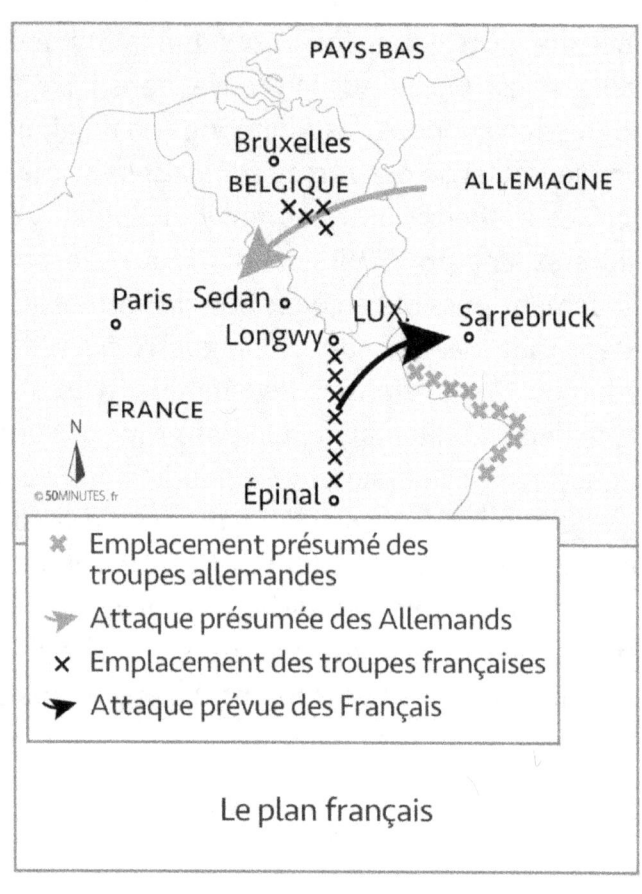

Le plan français

Les Français pourront néanmoins compter sur le soutien des Russes et des Britanniques. Les premiers, suite à la convention de 1892 garantissant une coopération militaire, les ont assurés qu'une offensive serait lancée dès que la Russie aura achevé la mobilisation et la concentration de ses troupes, soit au minimum deux à trois semaines après l'ouverture des hostilités. Un long délai auquel s'ajoute un autre problème : la Russie oscille entre ses obligations envers la France, qui l'incite à attaquer l'Allemagne, et ses propres intérêts nationaux, qui la poussent à regarder du côté de l'Autriche-Hongrie. Ne sachant se départir de l'un ou de l'autre, l'armée russe fera les deux, avec pour conséquence de diviser sa force de frappe : une moitié envahira la Prusse-Orientale, une autre la Galicie autrichienne. Quant à l'aide britannique sur le continent, qui fait l'objet de discussions avec le haut commandement français depuis 1905, elle se résume, à la veille de la guerre, à l'envoi en France d'un corps expéditionnaire, le *British Expeditionnary Force* (BEF), comprenant six divisions d'infanterie et une division de cavalerie, soit à peu près 100 000 hommes. Le Royaume-Uni a en effet pour priorité la maîtrise des mers et la mise en place d'un blocus efficace contre l'Allemagne.

FUROR TEUTONICUS : QUAND L'ALLEMAGNE S'ALIÈNE LE MONDE

Peuplée de 7,6 millions d'habitants, la Belgique est en 1914 un pays riche et prospère grâce à ses nombreuses mines de charbon, ses industries sidérurgiques florissantes, ses sociétés commerciales dynamiques et son immense colonie, le Congo. Par le traité de Londres de 1839, les principales puissances européennes se sont engagées à respecter et à garantir son indépendance. En contrepartie, le petit royaume est astreint à une neutralité perpétuelle – ce dont les Belges sont assez fiers –, l'empêchant de prendre parti en cas de guerre entre ses voisins. L'envahir ne va donc pas de soi, d'autant plus que, depuis la fin des années 1880, le Gouvernement belge a consenti de gros investissements pour défendre son indépendance, érigeant à Namur, Anvers et Liège les forts les plus modernes du monde. En 1909 et 1912, des lois viennent renforcer les effectifs de l'armée en imposant la conscription. L'Allemagne n'en est cependant pas moins décidée à accomplir le plan Schlieffen, quitte à bafouer ses obligations internationales et à se heurter à la résistance belge. Soucieuse de préserver un semblant de légalité à la manœuvre, elle adresse, le 2 août, alors qu'elle vient d'envahir le Luxembourg, un ultimatum à Bruxelles exigeant le libre passage des forces allemandes sur le territoire belge, celui-ci, prétend faussement le document, s'apprêtant à être attaqué par les forces françaises. Si la Belgique accepte, le Gouvernement allemand l'indemnisera et garantira, au moment de la paix, ses frontières nationales. Autrement, ce sera la guerre. Elle a 12 heures pour se décider. Le lendemain matin, après une nuit de délibérations fébriles, le Gouvernement belge transmet sa réponse à l'Allemagne : elle s'opposera par les armes à toute violation de sa neutralité. La Belgique a choisi la guerre.

Le 4 août, à l'aube, les premiers soldats allemands franchissent la frontière belge. Certains ont reçu des tracts à distribuer à la population pour la convaincre de leurs intentions pacifiques. Ils sont accueillis à coups de fusil. La nouvelle de la guerre a déchaîné, à travers la Belgique, une fièvre patriotique telle qu'elle n'en connaîtra plus. Les Belges, fermement résolus à s'opposer à l'envahisseur, font bloc derrière leur roi Albert Ier (1875-1934). C'est un premier mécompte pour l'Allemagne, qui tablait sur une résistance symbolique de la Belgique. Mais la violation de la neutralité belge a aussi pour elle deux autres conséquences fatidiques. Pour commencer, elle lève les dernières hésitations du Gouvernement britannique à entrer à son tour en guerre, ce qui est officiellement fait au soir du 4 août. Enfin, elle provoque l'indignation de la communauté internationale, conférant à la lutte menée par l'Entente une inestimable légitimité morale et, de là, un immense capital de sympathie.

Les Allemands entrent en Belgique, août 1914.

L'avancée allemande achève de rendre la cause des Puissances centrales impopulaire. Partout, elle est brutale et implacable. Si elle veut gagner la guerre, l'armée du Kaiser a pour impératif la vitesse d'exécution. Dans un tel cadre, le moindre retard est source d'irritation. Alors quand la population belge fait preuve d'une résistance inattendue, la réponse se doit d'être impitoyable. À Visé, où les Allemands rencontrent pour la première fois une forte opposition de l'armée belge, 631 civils sont déportés, 38 autres exécutés, et la ville brûlée en guise de représailles. Le même phénomène se produit dans d'autres villes, sans qu'on y oppose nécessairement de réelles résistances. La ville de Louvain et sa célèbre bibliothèque universitaire, qui abritait des centaines de manuscrits médiévaux, sont ainsi livrés aux flammes après que des soldats allemands se sont malencontreusement tirés dessus. Les Allemands, il est vrai, vivent dans la psychose des francs-tireurs, ces combattants irréguliers qui harcelaient les troupes prussiennes lors de la guerre de 1870-1871, leur causant de lourdes pertes, au point qu'une simple détonation suffise parfois pour déchaîner la vengeance la plus terrible. Au total, 5 500 civils belges sont sommairement tués par les armées d'invasion, parfois en étant utilisés comme boucliers humains lors des combats. Un bilan qui ne tient pas compte des victimes de viol, de déportation, de destruction ou de pillage, ni des victimes françaises, elles-mêmes probablement fort nombreuses. Par leur ampleur, ces violences alimentent fortement la propagande de l'Entente. Bientôt, l'on parle partout dans le monde de la « Belgique violée » ou « martyre », livrée à la fureur et à la barbarie « teutonnes ». En recherchant par tous les moyens une victoire militaire, l'Allemagne a récolté une défaite politique de premier ordre. Reste à voir si le sort des armes lui sera plus favorable.

Destruction de Louvain.

ÉVOLUTION DU FRONT OCCIDENTAL JUSQU'À LA BATAILLE DE LA MARNE

Au cours des premières semaines de l'offensive, la fortune sourit aux soldats allemands et le plan Schlieffen semble s'accomplir parfaitement. La place de Liège, le bastion le plus fortifié d'Europe, est investie dès le 5 août. Sa reddition est obtenue le 16 après un bombardement en règle de quatre jours par d'énormes obusiers *Krupp* de 420 mm et *Skoda* de 305 mm, seuls calibres capables de détruire l'épaisse structure des forts de la Meuse. Malgré une résistance héroïque des défenseurs, le siège n'aura pas retardé la planification allemande de plus de 48 heures. Après quoi, le mouvement s'accélère. Alors que l'armée française tente de vaines attaques frontales en Alsace-Lorraine, semblant se désintéresser totalement de ce qu'il se passe en Belgique, l'armée belge, peu nombreuse et mal équipée, est acculée à la retraite le 18 vers le fort d'Anvers, son réduit national. Le lendemain, les Allemands sont à Louvain, puis prennent Bruxelles le 20.

Mais l'action décisive se passe plus au sud. Car les troupes du Kaiser sont entrées le 21 août en contact avec d'importantes forces franco-anglaises sur la Sambre et la Meuse. Joffre, qui prend progressivement la mesure du mouvement allemand en Belgique, a dépêché des renforts à Charleroi tandis que les forces anglaises du BEF, débarquées sur le continent 11 jours plus tôt, ont pris position à Mons. Trois jours durant, au prix de durs combats, les Alliés parviennent à se maintenir sur leurs positions. Contre les Britanniques, puissamment retranchés derrière le canal Mons-Condé, les Allemands sont même sévèrement étrillés. Le 24 août cependant, le vent tourne.

La forteresse de Namur, sur lequel s'appuyait le dispositif allié, tombe entre les mains ennemies. Plus grave encore : la veille, deux armées françaises envoyées dans le Luxembourg belge ont été violemment écrasées au cours d'une terrible bataille de rencontre, laissant sur le terrain entre 15 000 et 20 000 morts. À court terme, toutes les troupes franco-anglaises avancées dans le Hainaut sont menacées d'enveloppement. Il ne leur reste plus qu'à se replier en urgence. C'est le début d'une immense course-poursuite à laquelle participent plusieurs millions d'hommes, qui ne s'arrêtera que sur la Marne.

Tout l'enjeu pour Moltke, le chef d'état-major allemand, consiste maintenant à ne pas lâcher les armées alliées en retraite. Il faut les accrocher le plus possible, les envelopper et les rabattre vers les Vosges dans le mouvement tournant prévu par Schlieffen pour les détruire. C'est précisément là que le plan s'enraye. Les armées allemandes peinent à traquer leur proie. Dans une chaleur orageuse, au prix d'un rythme de marche infernal qui fait s'écrouler les soldats de fatigue et décoller la peau de leurs pieds, les colonnes françaises et britanniques s'esquivent en bon ordre, suivies par des milliers de réfugiés. À Saint-Quentin et à Guise, elles livrent des combats retardateurs, leur faisant gagner de précieuses heures pour se rassembler et se réorganiser. À cela s'ajoutent d'autres problèmes pour les Allemands. À mesure qu'ils s'enfoncent en France, leurs lignes de ravitaillement s'allongent, rendant l'approvisionnement en munitions et en nourriture toujours plus difficile. Leur force de frappe faiblit, car il a fallu laisser des troupes en arrière pour surveiller les territoires conquis et tenir en respect certaines poches de résistance, dont celle de l'armée belge à Anvers. D'autres unités ont aussi été envoyées sur le front oriental où la situation est devenue inquiétante. Enfin, cerise sur le gâteau, les armées allemandes participant à la manœuvre commencent à montrer des défauts de coordination, dus en grande partie au manque de moyens de communication. Quand elle arrive aux environs de Paris, y provoquant une panique notable, la machine de guerre allemande a donc perdu une bonne partie de son allant et de sa puissance. En face d'elle, sur la Marne, Français et Britanniques se sont regroupés pour la contre-attaque.

La bataille débute le 5 septembre sur l'Ourcq, un petit affluant de la Marne. Elle durera quatre jours et s'étendra progressivement sur un front de 250 km jusqu'à Verdun. À certains égards, elle préfigure l'impasse militaire des trois prochaines années de guerre. Entre Dammartin et Meaux, Allemands et Français se livrent à d'incessantes attaques dans un déluge de mitraille et d'artillerie, sans gains notables. La même chose se produit aux Marais de Saint-Gond, où les assauts d'infanterie évoluent péniblement sous un feu d'enfer. Dans les deux camps, les pertes sont lourdes, surtout chez les Français dont les pantalons rouges et les charges en rangs serrés à la baïonnette font des cibles faciles. Dans cette fournaise, qu'il faut constamment alimenter, le ravitaillement est mis à rude épreuve. Pour convoyer des munitions et des hommes sur le front, l'armée française utilise jusqu'aux taxis de Paris. Le 9 septembre, l'armée du Kaiser finit par battre en retraite : une brèche est apparue dans son dispositif où s'est engouffré le BEF, la mettant gravement en péril. Épuisée, elle se retranche sur l'Aisne trois jours plus tard. Le 14 septembre, Moltke est remercié, remplacé à la tête des armées allemandes par Erich von Falkenhayn

(1861-1922). Le plan Schlieffen est définitivement mort. L'Allemagne devra trouver d'autres solutions pour remporter la guerre.

Scène de guerre à Meaux, 1914.

JEU DE BASCULE EN ORIENT

Avec 1,4 million de soldats d'active et 2,4 millions de réservistes, l'armée russe est la plus grande de tous les belligérants. À elle seule, elle dépasse en nombre les armées allemandes et austro-hongroises réunies. Néanmoins, cette force imposante est très pauvrement équipée, peu entraînée et minée par les dissensions internes.

Son existence se justifie surtout par la garde des immenses frontières de l'empire tsariste et la répression des désordres intérieurs. En outre, elle doit composer avec les capacités routières et ferroviaires extrêmement limitées de la Russie. À cela s'ajoute une dernière tare : l'état-major russe s'avère incompétent, miné par le népotisme du tsar Nicolas II (1868-1918). L'armée russe pourra-t-elle malgré tout faire pencher la balance en sa faveur face aux Puissances centrales ?

Les opérations commencent au nord, en Prusse-Orientale. Défiant tous les pronostics de Schlieffen et de Moltke, les Russes ont achevé leur mobilisation contre l'Allemagne dès le 11 août, ce qui est une véritable catastrophe pour l'état-major allemand. L'armée tsariste est déjà prête à frapper alors que le plan Schlieffen en est encore à sa phase initiale. Face à elle, n'a été dégagée qu'une petite armée allemande, la VIIIe, commandée par le général Maximilian von Prittwitz (1848-1917). L'écart des forces est si inégal que le Reich risque bien d'être submergé sur sa frontière orientale. Les premiers engagements ne font d'ailleurs qu'amplifier ces craintes. Les 19 et 20 août, à Gumbinnen, les Allemands sont bousculés par la

1re armée russe du général Rennenkampf (1854-1918), qui opère au nord des lacs de Mazurie. Ils perdent 8 000 hommes. C'est un revers cuisant qui s'ajoute à la situation critique se développant au même moment en Prusse méridionale où la seconde moitié des forces d'invasion russes, la 2e armée commandée par Samsonov (1859-1914), est en passe de menacer gravement les arrières de toute la VIIIe armée allemande. Devant le désastre imminent, Prittwitz demande à Moltke de se replier derrière la Vistule. Pour le chef d'état-major de l'armée impériale, c'en est trop : il est devenu évident que les nerfs du chef de la VIIIe armée ont complètement lâché. Le 22 août, Prittwitz est relevé de son commandement au profit de deux fortes têtes, le général Paul von Hindenburg (1847-1934), secondé par Erich Ludendorff (1865-1937). Quelques renforts sont également envoyés depuis le front français. À eux de tenir avec ça. En réalité, le duo Hindenburg-Ludendorff fera beaucoup plus. Les Russes, en effet, sont sensiblement gênés dans leur progression en Prusse-Orientale. Le terrain est marécageux et boisé, les lignes de communication peu nombreuses. Le ravitaillement tarde. Samsonov et Rennenkampf ont le plus grand mal à rester en contact. De surcroît, leurs armées, distantes de 80 km, ont pris des directions différentes et ignorent l'emplacement exact de la VIIIe armée depuis son repli de Gumbinnen. Les Allemands, eux, sont parfaitement informés de la position de leurs ennemis. Du 27 au 29 août, l'armée de Samsonov est encerclée à Tannenberg, où 90 000 Russes sont faits prisonniers et 50 000 autres sont tués ou blessés. Côté allemand, les pertes ne dépassent pas les 15 000. Deux semaines plus tard, Rennenkampf est à son tour défait sur les lacs de Mazurie. Le pire a été évité pour l'Allemagne.

Les opérations russes sont plus heureuses face aux Austro-Hongrois. Les cafouillages de Franz Conrad, qui s'est pris les pieds dans son propre plan d'opération, y sont pour beaucoup. N'entrevoyant qu'une guerre limitée avec la Serbie, il a ordonné le déploiement du *B-Staffel* face à Belgrade pour y passer à l'offensive. Dans l'intervalle, cependant, les Russes sont entrés en guerre, menaçant les frontières orientales de l'empire. En conséquence, le chef d'état-major austro-hongrois décide de réorienter l'escadron face à l'armée russe, avant même qu'il n'ait pu obtenir le moindre succès contre les Serbes. Ce contrordre provoque un épouvantable chaos sur les lignes de chemin de fer de la Double Monarchie qui retarde l'arrivée de nombreuses unités sur le front de Galicie. Alors que le *B-Staffel* aurait dû être prêt pour le 23 août, ses premiers éléments n'arrivent pas avant le 31. Mais ce ne sera pas l'unique erreur de Franz Conrad. Face aux déboires allemands en Prusse-Orientale, il pousse le *A-Staffel*, jusque-là sur la défensive, à lancer une attaque en Pologne. Décision funeste ! Les quelque 500 000 hommes que compte son groupe d'armées vont buter dans une énorme masse de 1,5 million de Russes. Après quelques succès initiaux à Kraśnik et Zamość-Komarow, l'armée austro-hongroise subit une rude contre-attaque qui la repousse profondément en Galicie. Dans la foulée, l'armée tsariste prend Lemberg le 3 septembre et investit la forteresse de Przemyśl où 100 000 soldats austro-hongrois s'accrochent désespérément. Quand sa progression s'arrête, à la mi-septembre, épuisée et minée par les problèmes de ravitaillement, elle s'est enfoncée de 250 km en territoire ennemi. Les pertes austro-hongroises sont colossales. D'après le bilan qu'en fait David Stevenson,

100 000 soldats ont été tués, 222 000 blessés et 100 000 faits prisonniers. Ce qui revient à la perte du tiers de l'armée impériale et royale, et ce pour 250 000 pertes russes. Le malheur de l'Autriche-Hongrie ne s'arrête d'ailleurs pas là. Profitant de l'affaiblissement des Austro-Hongrois dans leur secteur, les Serbes ont repoussé toutes les tentatives d'invasion de leur pays, prenant même pied en Bosnie. Les plans et les espérances de la Double Monarchie ont été anéantis ; la défaite est sérieuse. Les Russes, néanmoins, n'ont pas su obtenir de résultat décisif : l'Autriche-Hongrie est toujours debout, et le restera encore durant quatre ans.

L'ENLISEMENT

Malgré l'échec de leurs plans initiaux, les belligérants cherchent encore, au cours des derniers mois de l'année 1914, à prendre définitivement le pas sur leurs adversaires. Sur le front occidental, à la mi-septembre, Erich von Falkenhayn tente de tourner les Alliés par l'ouest, sur l'immense territoire courant de l'Aisne à la Manche, en passant par l'Artois et la Picardie, jusque-là épargnés par les combats. Ses efforts butent systématiquement sur ceux de Joffre qui a eu la même idée au même moment. De ces tentatives mutuelles de débordement résulte une extension progressive du front vers la Manche, un épisode passé à la postérité sous le nom quelque peu abusif de « course à la mer ». D'échec en échec, les combats se déplacent aussi de plus en plus vers le nord, en Belgique, où subsistent les derniers débouchés pour prendre l'ennemi à revers. À partir de début octobre, l'armée allemande lance dans les Flandres plusieurs offensives vigoureuses. En dépit de quelques succès, comme la prise d'Anvers le 9 octobre, toutes échouent sur l'Yser, puis à Ypres où s'accrochent Anglais, Français et résidus de l'armée belge. L'ensemble de ces manœuvres se signale par des batailles extrêmement confuses annonçant, comme la Marne, le blocage qui figera bientôt les deux camps sur le théâtre occidental : attaques frontales meurtrières, échanges violents et interminables d'artillerie, pénurie d'hommes et de munitions, et surtout absence de progrès notable. De guerre lasse, Falkenhayn choisit, à la mi-novembre, de réorienter dorénavant ses efforts en Orient, contre la Russie. À ses armées d'Occident, mission est donnée de creuser de nouvelles tranchées, d'améliorer celles déjà existantes, et de tenir. Les Alliés, toutefois, n'entreprendront rien de sérieux avant 1915.

Tranchées allemandes sur l'Aisne.

À l'est, les Austro-Hongrois essaient vainement jusqu'à la mi-décembre de reprendre le dessus contre la Serbie. Harcelés par les troupes serbes, sous-alimentés par un ravitaillement déficient et transis de froid, les soldats de Franz Conrad connaissent l'enfer dans toutes leurs incursions en Serbie, systématiquement repoussées. Contre les Russes, le sort des armes est à peine meilleur. Bien que l'armée austro-hongroise parvienne à empêcher, en partie grâce aux Allemands venus à sa rescousse, de nouvelles percées dans son dispositif, elle échoue totalement à libérer la Galicie.

Au nord, les projets allemands et russes ne sont pas plus heureux. La Russie rate sa seconde invasion de la Prusse-Orientale en octobre, tandis que les Allemands manquent deux offensives en Pologne centrale. Seule consolation pour le duo Hindenburg-Ludendorff, la prise de Łódź le 6 décembre, au terme d'une campagne éreintante. À la mi-décembre, les armées, épuisées et lasses, s'enterrent dans les tranchées de la Baltique aux Carpates. Ici encore, les opérations ne reprendront pas avant l'année suivante.

L'automne consacre donc le blocage complet des belligérants pour plusieurs raisons. Outre la faillite stratégique des deux camps, tous les plans ayant échoué, les milieux militaires n'ont pas encore intégré les nouvelles caractéristiques de la guerre qu'ils sont occupés à livrer. Jamais, en effet, les armées n'ont été aussi grandes ni n'ont possédé une telle puissance de feu. Pas plus qu'elles n'ont nécessité une implication aussi massive de l'économie et de la logistique. En 1914, les tactiques de combat, le rôle de l'arrière et la manière de conduire des troupes sont tout simplement inopérants pour faire face à cette donne inédite. Il faudra attendre leur transformation radicale pour que la guerre de mouvement reprenne.

Reste que le blocage est aussi politique. Le cours des quatre premiers mois du conflit a laissé des gages importants aux deux camps, leur faisant espérer la victoire finale. L'Entente a su briser l'élan austro-allemand et possède une supériorité morale – avec le viol de la neutralité belge –, humaine et économique sur ses adversaires. Dans le camp adverse, l'Allemagne est profondément enfoncée en France et en Belgique et a durablement affaibli la Russie. Quant à l'Autriche-Hongrie, elle joue sa survie. En d'autres termes, les conditions ne sont pas encore remplies pour un retour à la paix. Elles le seront en 1918, au détriment des Puissances centrales.

EN RÉSUMÉ

- **1839**
  Les principales puissances européennes s'engagent à garantir la neutralité de la Belgique

- **1892**
  Entrée en vigueur de l'alliance franco-russe

- **1904**
  La France et le Royaume-Uni concluent l'Entente cordiale

- **1907**
  Les Russes signent avec le Royaume-Uni un accord similaire à l'Entente cordiale

- **1908**
  L'Autriche-Hongrie annexe la Bosnie-Herzégovine

- **1912**
  Mars : La Serbie et la Bulgarie s'allient contre l'Autriche-Hongrie et l'Empire Ottoman

1914

28 juin : **François-Ferdinand de Hasbourg est assassiné**

23 juill. : L'Autriche-Hongrie envoie un ultimatum à la Serbie

25 juill. : La Serbie refuse l'ultimatum

26 juill. : La Russie se prépare à la guerre

28 juill. : **L'Autriche-Hongrie déclare la guerre à la Serbie**

29 juill. : L'Allemagne somme la Russie d'arrêter ses préparatifs de guerre

30 juill. : La Russie annonce officiellement la mobilisation générale

1er août : **L'Allemagne déclare la guerre à la Russie**

2 août : L'Allemagne adresse un ultimatum à la Belgique

3 août : **L'Allemagne déclare la guerre à la France**

4 août : **Les premiers soldats allemands franchissent la frontière belge**

5-12 sept. : Première bataille de la Marne

Mi-décembre : **Les soldats s'enterrent dans les tranchées**

- Au début du XXᵉ siècle, l'Europe est traversée par de très fortes tensions. L'Allemagne, qui se sent menacée dans son existence par la Triple-Entente, un réseau d'alliances et d'accords bilatéraux regroupant la Russie, la France et la Grande-Bretagne, multiplie les crises diplomatiques dans l'espoir de la faire éclater. Dans les Balkans, son alliée l'Autriche-Hongrie est à couteaux tirés avec la Serbie, dont la politique nationaliste slave fait craindre un éclatement de l'empire multiethnique. Devant leurs échecs diplomatiques répétés, l'Autriche-Hongrie et l'Allemagne envisagent en 1914 de régler leurs problèmes par la force.

- L'assassinat de l'archiduc François-Ferdinand par un nationaliste serbe à Sarajevo leur en donne l'occasion. À la suite de l'attentat, l'Autriche-Hongrie, soutenue par l'Allemagne, adresse à la Serbie un ultimatum aux exigences inacceptables. Son refus par le Gouvernement serbe entraîne, le 28 juillet, l'état de guerre entre la Serbie et l'Autriche-Hongrie.
- L'attaque de la Serbie par l'Autriche-Hongrie entraîne la mobilisation de la Russie, décidée à ne pas abandonner à Vienne sa seule sphère d'influence dans les Balkans. En réponse, l'Allemagne lui déclare la guerre ainsi qu'à la France.

- Obéissant au plan Schlieffen, l'armée allemande envahit la Belgique pour anéantir l'armée française avant de frapper la Russie. Le viol de la neutralité belge lève les dernières hésitations de la Grande-Bretagne qui entre à son tour en guerre.
- Mal conçues et peu coordonnées, les offensives des principaux belligérants échouent les unes après les autres. L'Allemagne est arrêtée sur la Marne, la Russie à Tannenberg, et l'Autriche-Hongrie en Galicie et en Serbie.
- La faillite stratégique des belligérants fait place à une impasse militaire complète au cours de l'automne 1914. Le front occidental se couvre de tranchées. À l'est, les armées ne progressent plus. L'issue de la guerre est reportée à 1915.

Votre avis nous intéresse !
Laissez un commentaire sur le site de votre librairie en ligne et partagez vos coups de cœur sur les réseaux sociaux !

POUR ALLER PLUS LOIN

SOURCES BIBLIOGRAPHIQUES

- BLED (Jean-Paul), *L'agonie d'une monarchie. Autriche-Hongrie. 1914-1920*, Paris, Tallandier, 2014.

- CLARK (Christopher), *The Sleepwalkers: How Europe Went to War in 1914*, London, Penguin Books, 2013.

- DE SCHAEPDRIJVER (Sophie), *La Belgique et la Première Guerre mondiale*, Bruxelles, Peter Lang, 2004.

- HÉNIN (Pierre-Yves), *Le plan Schlieffen : Un mois de guerre – Deux siècles de controverses*, Paris, Economica, 2012.

- HOLGER (Herwig) (dir.), *War Planning 1914*, Cambridge, Cambridge University Press, 2010.

- KEEGAN (John), *La Première Guerre mondiale*, Paris, Perrin, 2005.

- LE NAOUR (Jean-Yves), *1914. La grande illusion*, Paris, Perrin, 2012.

- MIQUEL (Pierre), *La bataille de la Marne*, Paris, Perrin, 2004.

- PRIOR (Robin) et WILSON (Trevor), *La Première Guerre mondiale*, Paris, Autrement, 2000.

- STEVENSON (David), *1914-1918. The History of the First World War*, London, Penguin Books, 2005.

SOURCES ICONOGRAPHIQUES

- Illustration issue du *Petit Journal* daté du 18 octobre 1908. La photo reproduite est réputée libre de droits.

- Illustration représentant l'assassinat de François-Ferdinand issue du *Petit Journal* daté du 12 juillet 1914. La photo reproduite est réputée libre de droits.

- Depuis son balcon, le Kaiser allemand annonce à la foule l'entrée en guerre du pays contre la Russie. La photo reproduite est réputée libre de droits.

- Les Allemands entrent en Belgique, août 1914. La photo reproduite est réputée libre de droits.

- Destruction de Louvain. La photo reproduite est réputée libre de droits.

- Scène de guerre à Meaux, 1914. La photo reproduite est réputée libre de droits.

- Tranchées allemandes sur l'Aisne. La photo reproduite est réputée libre de droits.

L'éditeur veille à la fiabilité des informations publiées, lesquelles ne pourraient toutefois engager sa responsabilité.

© 50MINUTES, 2015. Tous droits réservés.
Pas de reproduction sans autorisation préalable.
50MINUTES est une marque déposée.

www.50minutes.fr

ISBN ebook : 978-2-8062-7140-2
ISBN papier : 978-2-8062-7141-9
Dépôt légal : D/2015/12603/498
Photo de couverture : *Assassinat de l'archiduc Héritier D'Autriche et de la duchesse, sa femme, à Sarajevo, le 28 juin 1914. Le Petit Journal. World History Archive. Domaine Public.*

Conception numérique : Primento, le partenaire numérique des éditeurs

www.ingramcontent.com/pod-product-compliance
Lightning Source LLC
LaVergne TN
LVHW012054070526
838201LV00083B/4620